Campeones del Super Bowl: Los New England Patriots

Receptor abierto Wes Welker

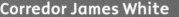

Corredor James White

CAMPEONES DEL SUPER BOWL

LOS NEW ENGLAND PATRIOTS

MICHAEL E. GOODMAN

CREATIVE EDUCATION / CREATIVE PAPERBACKS

Publicado por Creative Education y Creative Paperbacks
P.O. Box 227, Mankato, Minnesota 56002
Creative Education y Creative Paperbacks son marcas
editoriales de The Creative Company
www.thecreativecompany.us

Diseño y producción de Blue Design (www.bluedes.com)
Dirección de arte de Rita Marshall
Traducción de TRAVOD, www.travod.com

Fotografías de AP Images (ASSOCIATED PRESS), Getty
Images (Jared Wickerham, Boston Globe, Otto Greule Jr,
Scott Halleran, Jim McIsaac, NFL Photos, Darryl Norenberg,
Hy Peskin), Newscom (Abaca Press, Kevin Dietsch/UPI,
Leslie Plaza Johnson/Icon Sportswire, Anthony Nesmith,
JON SOOHOO/UPI, ZUMA Press, Inc.), Unsplash.com (Lance
Anderson)

Información del Catálogo de publicaciones está disponible
de la Biblioteca del Congreso.
ISBN 978-1-64026-655-1 (library binding)
ISBN 978-1-68277-211-9 (paperback)
ISBN 978-1-64000-796-3 (eBook)

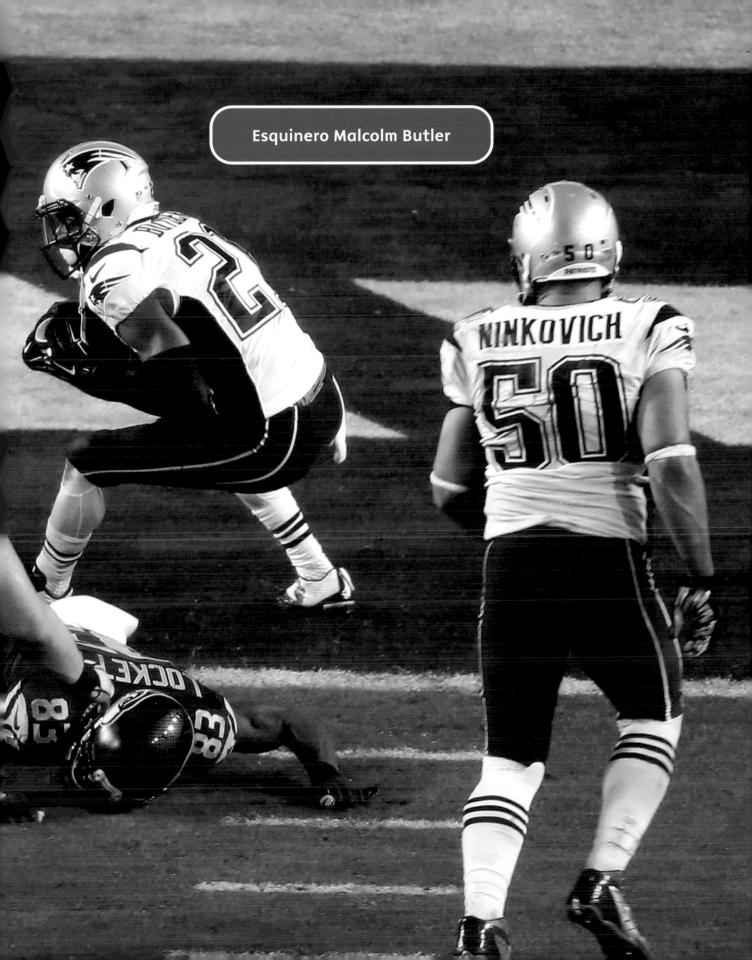

Esquinero Malcolm Butler

Linebacker **Dont'a Hightower**

CONTENIDO

Hogar de los Patriots   8

Elegirse el nombre de
    los Patriots   11

Historia de los Patriots   13

Otras estrellas de
    los Patriots   18

Acerca de los Patriots   22

Glosario   23

Índice   24

Hogar de los Patriots

En los años 1600, gente de Inglaterra se mudó a Estados Unidos. Muchos de ellos se establecieron en el noreste. Llamaron al área Nueva Inglaterra. Hoy en día, muchos clubes deportivos juegan en Nueva Inglaterra. Uno de ellos es el equipo de futbol americano llamado los New England Patriots.

Los Patriots son parte de la Liga Nacional de Futbol Americano (NFL). Juegan en el estadio Gillette Stadium cerca de Boston. Todos los equipos de la NFL intentan ganar el Super Bowl. El ganador es el campeón de la liga. Hasta el 2021, los Patriots han ganado seis Super Bowls.

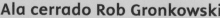

Ala cerrado Rob Gronkowski

Elegirse el nombre de los Patriots

stados Unidos luchó una guerra para ser libre en los años 1700. Los estadounidenses que lucharon duro contra Inglaterra fueron llamados patriotas. El propietario de ese equipo nuevo decidió llamarlo los Patriots. Quería que sus jugadores jugaran duro para ganar.

Quarterback **Babe Parilli (#15)**

Historia de los Patriots

Los Patriots comenzaron a jugar en 1960. Formaban parte de la Liga Americana de Futbol Americano (AFL). El *quarterback* Babe Parilli lanzó muchos pases para **touchdown**. Gino Cappelletti era un **receptor abierto**. También pateaba **goles de campo**. Los Patriots casi ganan el campeonato de la AFL en 1963.

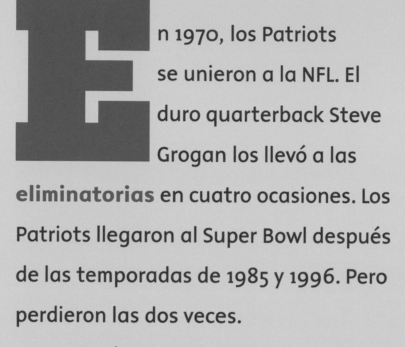

En 1970, los Patriots se unieron a la NFL. El duro quarterback Steve Grogan los llevó a las **eliminatorias** en cuatro ocasiones. Los Patriots llegaron al Super Bowl después de las temporadas de 1985 y 1996. Pero perdieron las dos veces.

Los Patriots contrataron al entrenador inteligente Bill Belichick en 2000. El *quarterback* **preciso** Tom Brady se unió al equipo el mismo año. Llevaron a New England a victorias en el Super Bowl después de las temporadas 2001, 2003, y 2004.

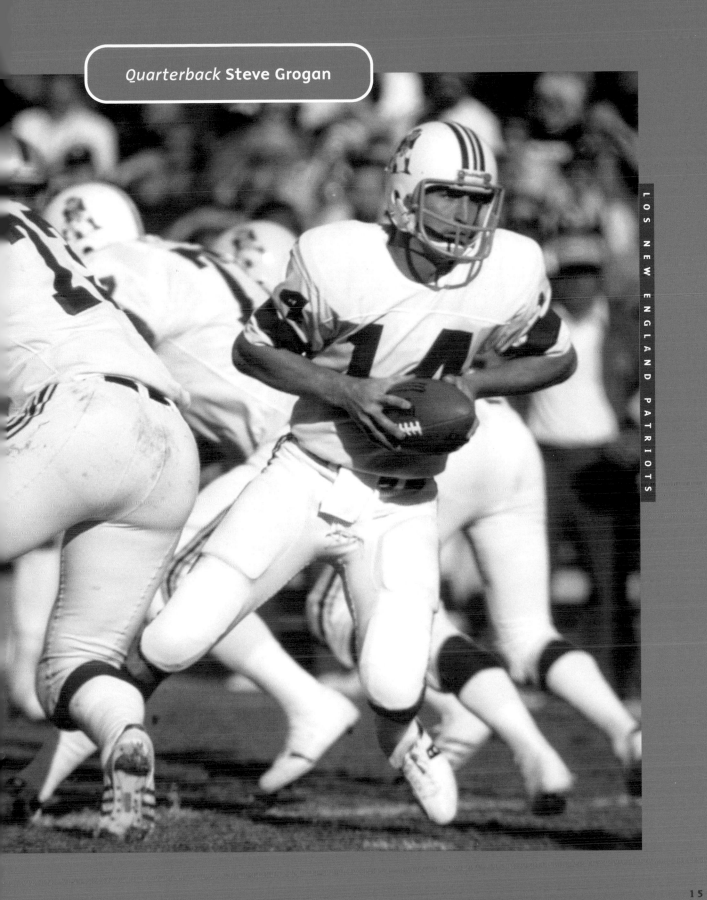

Quarterback **Steve Grogan**

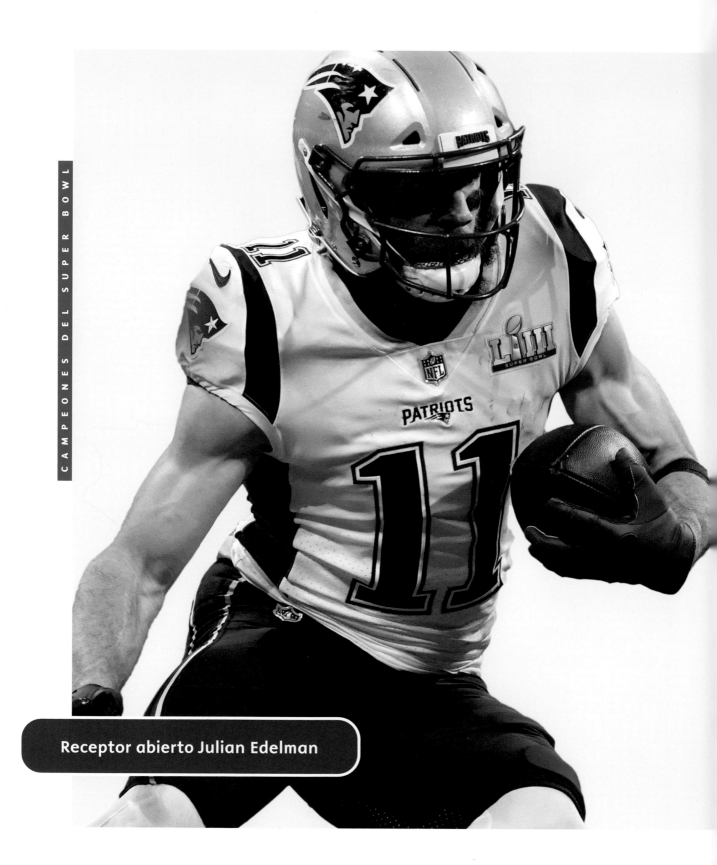

Receptor abierto Julian Edelman

Los Patriots ganaron tres títulos más después de las temporadas 2014, 2016 y 2018. El *wide receiver* Julian Edelman atrapó muchos pases importantes. El enorme tacleador defensivo Vince Wilfork era excelente para detener a los jugadores del otro equipo.

Otras estrellas de los Patriots

Los equipos de los Patriots son conocidos por su **defensa**. El *linebacker* Tedy Bruschi fue elegido capitán defensivo en siete años diferentes. El esquinero Ty Law hizo 36 **intercepciones** para New England. Fue elegido para el Salón de la Fama del futbol americano profesional.

Linebacker **Tedy Bruschi**

Quarterback **Tom Brady**

El pateador Adam Vinatieri rara vez falló un gol de campo. Anotó con una patada en medio de una tormenta de nieve para ayudar a los Patriots a llegar a un Super Bowl. Stephen Gostkowski se unió al equipo en 2006. Hizo más de 370 goles de campo para los Patriots.

El entrenador Belichick ha llevado a los Patriots a ocho Super Bowls. Los aficionados de New England esperan que pronto lleguen más.

Acerca de los Patriots

Comenzaron a jugar: En 1960

Conferencia/división: Conferencia Americana,
   División Este

Colores del equipo: azul, rojo y blanco

Estadio: Gillette Stadium

VICTORIAS EN EL SUPER BOWL:

XXXVI, 2002, 20-17 contra los St. Louis Rams

XXXVIII, 2004, 32-29 contra los Carolina Panthers

XXXIX, 2005, 24-21 contra los Philadelphia Eagles

XLIX, 2015, 28-24 contra los Seattle Seahawks

LI, 2017, 34-28 contra los Atlanta Falcons

LIII, 2019, 13-3 contra los Los Angeles Rams

Sitio web de los New England Patriots:
   www.patriots.com

Glosario

defensa — jugadores que intentan evitar que el otro equipo anote

....

eliminatorias — juegos que llevan a cabo los mejores equipos después de una temporada para ver quién será el campeón

....

goles de campo — anotaciones realizadas pateando el balón entre los postes de la portería para sumar tres puntos.

....

intercepciones — jugadas en las que un jugador defensivo atrapa un pase lanzado por el otro equipo

....

preciso — certero

....

touchdown — una jugada en la que un jugador lleva el balón o lo atrapa en la zona de anotación del otro equipo para anotar seis puntos

....

Esquinero Stephon Gilmore

Índice

Belichick, Bill 14, 21

Brady, Tom 14

Bruschi, Tedy 18

Cappelletti, Gino 13

Edelman, Julian 17

Gillette Stadium 8, 22

Gostkowski, Stephen 21

Grogan, Steve 14

Law, Ty 18

nombre del equipo 11

Parilli, Babe 13

Vinatieri, Adam 21

Wilfork, Vince 17